國家圖書館出版品預行編目資料

喬治・伊士曼 / 唐念祖著;劉向偉繪.－－初版一
刷.－－臺北市: 三民, 2016
　　　　面;　　公分－－(兒童文學叢書/創意MAKER)

ISBN 978-957-14-6166-3　　(精裝)

1.伊士曼(Eastman, George, 1854-1932) 2.傳記
3.通俗作品 4.美國

781.08　　　　　　　　　　　　　105009743

ⓒ　喬治・伊士曼

著 作 人	唐念祖
繪 者	劉向偉
主 編	張燕風
企劃編輯	郭心蘭
責任編輯	劉芮均
美術設計	李唯綸

發 行 人	劉振強
著作財產權人	三民書局股份有限公司
發 行 所	三民書局股份有限公司
	地址　臺北市復興北路386號
	電話　(02)25006600
	郵撥帳號　0009998-5
門 市 部	(復北店)臺北市復興北路386號
	(重南店)臺北市重慶南路一段61號

出版日期	初版一刷　2016年7月
編 號	S 857971

行政院新聞局登記證局版臺業字第○二○○號

有著作權・不准侵害

ISBN　978-957-14-6166-3　　(精裝)

http://www.sanmin.com.tw　三民網路書店
※本書如有缺頁、破損或裝訂錯誤,請寄回本公司更換。

喬治 · 伊士曼 GEORGE EASTMAN

柯達！底片先鋒

唐念祖 / 著　劉向偉 / 繪

三民書局

主編的話　　　　抬頭見雲

　　隨著「近代領航人物」系列廣獲好評，並獲得出版獎項的肯定，三民書局的出版團隊也更有信心繼續推出更多優良兒童讀物。

　　只是接下來該選什麼作為新系列的主題呢？我和編輯們一起熱議。大家思考間，偶然抬起頭，見到窗外正飄過朵朵白雲。

　　有人興奮的說：「快看！大畫家畢卡索一手拿調色盤，一手拿畫筆，正在彩繪奇妙的雲朵！」

　　是呀！再看那波浪一般的雲層上，建築大師高第還在搭建他的尖塔！

　　左上角，艾雪先生舞動著他的魔幻畫筆，捕捉宇宙的無限大，看見了嗎？

　　嘿！盛田昭夫在雲層中找到了他最喜愛的 CD，正把它放入他的隨身聽……

　　閃亮的原子小金剛在手塚治虫大筆一揮下，從雲霄中破衝而出！

　　在雲端，樂高積木堆砌的太空梭，想飛上月球。

　　麥克沃特兄弟正在測量哪一朵雲飄速最快，能夠成為金氏世界紀錄。

　　……

　　有了，新的叢書就鎖定在「創意人物」這個主題上吧！

　　大家同聲附和：「對，創意實在太重要了！我們應該要用淺顯的文字、豐富的圖畫，來為小讀者們說創意人物的故事。」

　　現代生活中，每天我們都會聽見、看見和接觸到「創意」這兩個字。但是，「創意」到底是什麼？有人說，「創意」就是好點子。但好點子是如何形成的？又是在什麼樣的環境助長下，才能將好點子付諸實現，推動人類不斷向前邁進？

　　編輯團隊為此挑選了二十個有啟發性的故事，希望解答上述的問題，並鼓勵小讀者們能像書中人物一般對事物有好奇心，懂得問「為什麼」，常常想「假如說」，努力試「怎麼做」。讓想像力充分發揮，讓好點子源源不絕。老師、家長和社會大眾也可以藉此叢書，思索、探討在什麼樣的養成教育和生長環境裡，才能有效的導引兒童走向創意之路？

　　雲屬於大自然，它千變萬化，自古便帶給人們無窮想像；雲屬於艾雪、盛田昭夫、高第、畢卡索……這些有突出想法的人，雲能不斷激發他們的創意；雲也屬於作者、插畫家和編輯團隊，在合作的過程中，大家都曾經共享它的啟發。

　　現在，雲也屬於本書的讀者。在看完這本書以後，若有任何想法或好點子願意與大家分享，歡迎寄到編輯部的信箱 sanmin6f@sanmin.com.tw。讀者的鼓勵與建議，永遠是編輯團隊持續努力、成長的最大動力。

簡宛　2015 年春寫於加州

作者的話

　　在世界上任何一個旅遊景點，隨時都有人在用相機或者手機拍照留念。全世界有多少張照片？這是誰也無法知道的天文數字。美國一個研究報告估計，2014 年全球光是上傳網路的照片，平均每天就有十八億張，相當於每分鐘一百二十五萬張照片。一百多年前喬治·伊士曼剛開始攝影的時候，全世界所有的照片加起來，說不定還比不上現在一秒鐘內上傳的數量呢！

　　現代人想像當年的情形，都覺得不可思議，當初無中生有的創造，顯然更是難中之難！

　　創意當然可貴，可是如果不去執行實現，那就只停留在幻想的階段而已。伊士曼除了腦筋轉得快，還有堅忍不拔的個性。他不停的提出各種問題，先給自己一個肯定的答案，再去努力追求解決方法。當時科學發展條件成熟的環境，加上頂尖的團隊，當然都有幫助。但是伊士曼的創意是最重要的觸媒，他點燃了攝影的一片輝煌歷史。

　　可是，就好像煙火一般，經過了一百多年的精彩貢獻，底片今天幾乎已經絕跡了。現在的孩子們可能根本沒有見過底片。回想我自己這一代，從黑白到彩色照片、電影和電視普及，過去幾年又看到數位相機，演變到現在人人在手的智慧手機。伊士曼當初帶著二十五樣零件出去攝影的時候，即使他再有想像力，大概也很難猜到這麼極端的變化吧？

　　我很珍惜這種一層又一層的驚喜。科技的突飛猛進，讓今天的孩子們以更快速的腳步，享受到人類步步高升的創造成果。他們未來面對的進步，又哪裡是我能夠想像得到的呢？

　　我在美國加州矽谷居住了三十幾年。感到驕傲的是，無數的創業者中，華人占了突出的比例，在這個環境中播種發芽到開花結果。他們的共同點是：對自己的想法有信心，不怕失敗。他們敢去挑戰傳統，敢提出問題，不怕被人嘲笑。我想臺灣這幾十年來的進步，也是基於同樣的因素。

　　孩子們想像力豐富。只要不是危險的事，都可以鼓勵他們放手去做。正因為他們還沒有被「理所當然」的想法，輕易澆熄了自己的創意，才會有新的突破。創意加上執著的努力，是成功的要素。

　　伊士曼在發展攝影的過程中，碰到很多科技上有趣的挑戰。希望有興趣的小讀者幾年後，有了足夠的訓練了，再找機會去進一步探索。

　　非常謝謝三民書局高水準、高素質的編輯團隊幫忙我完成這本書。

同一個爺爺？

這一天，小翔跟著爸爸、媽媽去探望爺爺。

一見到爺爺，小翔就興奮的說：「爺爺，您看，爸爸送您一臺新的照相機！我們去附近的公園照相吧！」

「太好了，可是現在正在下雨，我們坐下來談談天，等雨停了再出門吧。」爺爺給小翔一個大擁抱。

「好啊！」小翔剛剛坐下，就問：「爺爺，您猜我昨天做了什麼事？」

爺爺笑著說：「這不太難猜。

你去看了電影？」

「不公平！爺爺知道我喜歡看電影！」被爺爺猜中答案的小翔抗議著。

爺爺大笑，說：「小翔，你喜歡看電影，也喜歡照相。現在輪到爺爺要問你一個有點難的問題。你想一想，電影和照相有什麼相同的地方？」

小翔想了一下，說：「它們都需要用攝影機呀？」

「聰明！一點也沒錯！它們用的機器不同，可是最基本的原理是有關係的，就好像表兄弟、堂兄弟一樣。」爺爺說。

小翔恍然大悟：「原來它們有同一個爺爺。」

「哈哈哈！沒錯！現在的彩色電影，前一代是黑白電影；現在大家用的數位相機，前一代是需要裝底片膠卷的照相機。這幾年來，電影也從底片膠卷演變到數位。但是講到它們的源頭，也可以說是最重要的關鍵，都跟底片有關係。」爺爺解釋。

小翔好奇的問:「底片？什麼是底片？」

爺爺笑著說:「對了，你大概從來沒有見過底片吧。現在大家都用數位相機和手機，不再需要它了。我去找一些出來讓你看看。」

爺爺翻箱倒櫃找到許多底片。他叫小翔拿它對著燈光看。

「這就是底片嗎？裡面那些顏色奇怪的東西是什麼呀？」

爺爺說：「那是照相機拍下的影像。顏色奇怪是因為還需要經過沖洗的過程，最後的成果才會是好看的彩色相片。從前想要照相，就需要經過這些程序。」

小翔想了一下，問爺爺說：「這麼奇妙的東西，是誰想出來的呀？」

爺爺說：「攝影的發明和進展，牽涉到很多人的貢獻。其中

對現代照相機和底片影響最大的，就是喬治·伊士曼了。」

「爺爺，您跟我說說他的故事好嗎？」小翔抓著爺爺的手，一臉期待。

爺爺看向窗外：「好吧，看起來這場雨還要過一會才停。我們就來談談他精彩的一生。」

一般人也能照相嗎？

　　爺爺對小翔說：「你喜歡問問題，對很多事情都有好奇心，這是成功的基本條件。喬治·伊士曼也是一個愛問問題的人。

　　「小翔，你知道嗎？伊士曼對攝影的終身投入，就是起源於他心中的一個問題。

　　「伊士曼二十三歲那年準備出國旅行。為了能夠把所見所聞記錄下來，他花了五十元美金買了一套照相設備。整套設備包含的各種零件，有二十五件之多。」

　　小翔問爺爺：「五十元美金很多嗎？」

「是的，在當時的美國，這筆錢相當於一個半月的平均工資。」

小翔問：「那為什麼需要二十五種零件呢？」

爺爺手比出一個大大的方形：「那時候照相機是個笨重的大盒子。捕捉影像的底片是厚重的玻璃板。準備照相前，要先把清洗乾淨的玻璃板沾上一層蛋白，再沾兩種化學乳劑。一定要在乳劑還沒有乾之前，把板子放進照相機裡頭。最重要的是，這一切都必須在黑暗中進行。因為一旦底片感光了，就照不出任何影像。所以還需要一個密不透光的帳篷。」

小翔聽了大笑:「除了乳劑，還要用蛋白，好像媽媽做蛋糕一樣!」

爺爺也笑了:「那是因為化學乳劑要靠蛋白，才能穩固的黏在玻璃板上。因為設備昂貴，拍攝過程又極為複雜，所以當時基本上只有專家才會攝影。

「伊士曼是一個做任何事都絕對認真的人，一旦開始攝影，就全心投入。他帶著龐大的攝影器材，四處去風景勝地拍照。

「這時候，伊士曼心中浮現一個最重要的問題：『攝影這麼有趣的事情，一般人是否也能享受到呢？』

「他有樂觀進取的個性。對自己提出的問題，不但要找出答案，而且決心要尋得肯定的結果。他認為，只要肯努力，總有一天，攝影會變成人人都可以嘗試的事。他給自己定下了這個明確的目標。」

怎樣可以更方便？

「伊士曼每次出門照相，都要帶著一大堆設備嗎？」小翔問。

「是呀，那實在是一件很費時、費力的事。大多數人可能嫌麻煩，很快就會放棄。可是，伊士曼不斷堅持，而且邊拍邊思考:『我要怎樣才可以使攝影變得容易操作呢?』

「後來，他決定從攝影過程中最不方便的環節先下手：玻璃板底片在照相前，必須保持溼潤，但這是一件非常困難的事。他心想:『是不是可以把玻璃板事先處理好，出去照相的時候，只

要帶乾的就可以了呢?」如果找到解決方法,照相設備就能變輕,過程也簡單多了。」

「結果他找到方法了嗎?」小翔問。

爺爺清清喉嚨,繼續說:「伊士曼在關於攝影的英國雜誌中,讀到有人研發乾玻璃板底片。他認為可以在這方面做研究,發展出自己的方式。伊士曼從沒上過化學課,可是他勉勵自己:『沒有受過正式教育的人,只要努力做實驗,應該也可以有成果吧?』

「他買了各種材料和設備,每天下午從銀行一下班,就回家埋頭實驗,總是熬到深夜。他母親常常在第二天早晨,看見他睡

在實驗器材旁邊的地板上。

「只要碰到任何有經驗的專家，他就不停的問問題，拚命學習。過沒多久，他的知識就超越了這些專家。

「經過兩、三年的努力，伊士曼發明了一臺機器，可以把攝影感光需要的化學乳劑塗抹、凝固在玻璃板底片上。」

「沒想到他自學也可以發明出來，真行耶！」小翔佩服極了。

「有一天，伊士曼到英國為他的底片塗抹機申請專利權，開始賣乾的玻璃板底片。剛開始時，他一手包辦所有的事。實驗、發明、製造、銷售、計帳等，全都自己來。忙的時候，他常常不回家，就睡在工廠裡的一張吊床上。

「於是，伊士曼在二十七歲就成立了自己的公司。」

「這麼年輕就有自己的公司，真不簡單啊！」小翔驚訝得幾乎要從椅子上跳起來了。

四百多次失敗算什麼？

　　爺爺繼續說:「是很不容易呢，伊士曼有一個特質，就是他會隨時注意觀察，從生活的經驗中學習。

　　「他喜歡騎腳踏車，只要好天氣就騎腳踏車上班。有一次他從英國買一輛腳踏車，等了很久，車子才運到。要換零件的時候，也大費周章，因為那家公司不像美國其他公司，使用標準化零件，所以不容易替換。

　　「這個經驗使他體會到兩個心得：第一，高品質的快速服務，是贏得顧客青睞的關鍵。第

二，標準化零件，可以降低修理的成本。從此，高品質和標準化零件成為他公司的運作原則。」

這時爺爺的語氣突然嚴肅起來:「事情當然不會永遠順利。他的乾玻璃板底片銷路正開始擴展時，產品忽然出現問題，很多顧客發現底片照不出相片來。伊士曼為了保護公司聲譽，立刻收回產品，關閉工廠。他夜以繼日，連續做了四百多次試驗，都沒有辦法解決問題。他想:『實驗雖然失敗了，但只要不放棄，還是有成功的機會吧?』

「伊士曼到英國找供給他材料的公司，請求讓他親自在生產線旁，仔細觀察研究。一個星期

裡就發現了問題所在：原來是供應商換了原料來源，材料化學性質改變的緣故。一旦恢復使用原本的來源，問題就解決了。

「這時候，攝影產業開始受到大家的注意，市場上出現了很多競爭者。攝影牽涉的技術廣泛，各種專利權的糾紛不斷。伊

士曼自己雖然沒有受過多少教育，可是他僱了很多聰明的技術人員，也請了很多能幹的好律師，所以他的公司在這些法律官司上，大部分都能大贏。

「他不以初步的成功自滿，不停的問自己：『面對這麼多競爭者，我要怎樣才能夠脫穎而出呢？』

「伊士曼隨時在想，怎樣能用最好的品質和服務吸引顧客，建立對產品的信心。他體會到新發明固然重要，改良進步更重要。他不斷的改進，總是要求自己產品的品質比別人好、方法比別人新。所以，他的競爭者只能不停的在後面追趕。」

我到底吃午餐了沒？

小翔問爺爺：「伊士曼是一個好老闆嗎？」

爺爺說：「在員工眼中，他是一個比較嚴肅的人。可是他待人處事相當公平合理，是一個很好的老闆。

「有人認為他個性害羞。伊士曼在與員工相處時，常常讓人覺得他有些不自在。早年他曾經想藉著公司野餐活動的機會，跟員工打交道，後來發現自己會不知所措，反而使活動氣氛不佳，就放棄了。

「伊士曼在公司裡最常對人

023

說：『把你現在所知道的最糟糕情況告訴我。』剛開始，他的員工聽他這麼說，都會很緊張，不知道真的實話實說會不會惹麻煩。」

小翔有點驚訝：「伊士曼難道不怕聽到不好的結果嗎？」

爺爺搖著頭：「他們後來才知道，伊士曼真心歡迎技術問題帶

給他的挑戰，他隨時在尋求解決問題的機會。所以能在不可收拾的地步前，就發現問題，這是公司成功的關鍵。」

小翔懂了：「所以說，伊士曼比別人先想一步？」

「沒錯。伊士曼不停的問『最糟情況』。別人認為理所當然的事，他都要從不同的觀點和角度去挑戰，這就是他創意的來源。」爺爺說。

「而且，伊士曼工作的時候，注意力極度集中，常常在下午很疑惑的問祕書：『我到底吃過午餐了沒？』在工作中，常常有人從旁邊走來他都不知道，別人打招呼，他才會大吃一驚。

「他的個性雖然不容易跟大家打成一片，可是大多數員工都忠心耿耿。看到他的勤奮努力，員工也常常樂意一起加班。

「但是，伊士曼對績效差的員工或者商業伙伴不會客氣。有一次，幾個重要幹部計劃把公司機密帶去競爭者陣營，伊士曼當機立斷，馬上把他們開除。對於表現好的職員，則會慷慨獎勵。他公司的員工福利，在當時是全

美國數一數二的優厚。

「他是美國最早發放大筆紅利獎金給員工的人，而且因為伊士曼堅決反對性別及種族歧視，他也是最先開始僱用、公平對待婦女和黑人的雇主。他的公司為員工設立退休金和健康保險，在管理員工方面，也走在時代的前端。」

小翔聽著故事，決定如果以後能遇到像伊士曼一樣的領導人，一定要好好跟著學習。

「杯達！」

爺爺問：「伊士曼成功把溼板轉成乾板以後，開始下一步改良。你覺得會是什麼呢？」

小翔想了一下，說：「聽起來，那時候用玻璃板，又重，又怕打破，大概是最需要改變的地方吧？」

「一點也沒錯！」爺爺摸摸小翔的頭。

「當時攝影底片用玻璃板實在太笨重，伊士曼想，玻璃板的功用是捕捉影像。如果找到比玻璃輕的材料，而且仍然可以達到

目的，那就最理想了。他開始實驗各種感光乳劑和材料，想用紙類和塑膠片來取代玻璃板。」

「紙類和塑膠片，真是好主意！」小翔讚嘆的拍手。

「不過，紙類雖然輕卻容易破，透明度也不夠好。塑膠片比較堅固，而且又輕又軟。如果捲起來，用很小的空間，就可以容納更多的塑膠片。」

「經過兩、三年的努力實驗，伊士曼和同事找到了適當的材料，研發出可以把感光乳劑塗抹、凝固在塑膠片上的方法，同時發明了可以使用底片膠卷的照相機。」

「他們還發明了照相機？」小翔非常驚訝。

爺爺摸了摸手上的照相機：「對呀，伊士曼的公司得到了專利。他們用底片照相機可以拍五十張相片，重量不到1.5公斤。如果用玻璃板底片，同樣五十張，卻要將近23公斤。

「在設計照相機的過程中，伊士曼手下的技術人員為了精確

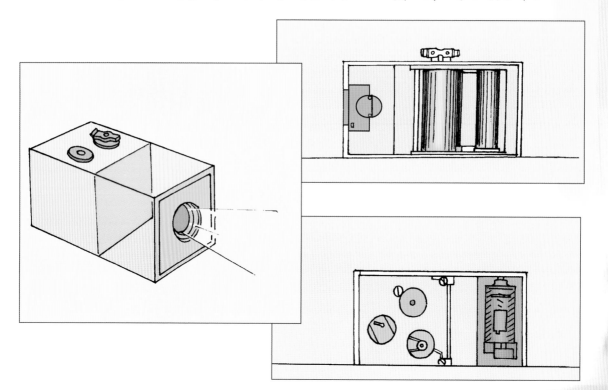

度的問題，掙扎了很久。

伊士曼眼看市場的競爭激烈，覺得把握時機最重要。他認為公司的目標在廣大群眾，而不是職業攝影師。他說服了公司的技術部門，不要因為完美主義而忽略了市場。

「伊士曼自己為照相機產品取了個名字：『柯達』。他認為這個名字響亮，在世界上各種語言中都容易發音，而且聽起來就像是照相機按下快門的聲音。此外，他也把公司的名字改成『伊士曼柯達公司』，後來這個名字享譽世界各地。」

小翔眼裡閃爍著光芒，他想，「柯達」這個名字還真是既貼切又有創意呢！

 一元照相機能賺錢嗎?

　　爺爺繼續講下去:「西元1900年，正當人們迎接新世紀的同時，伊士曼把攝影革命的新時代介紹給全世界。他的柯達公司推出了『布朗尼』照相機。

　　「最令人震撼的是，這款新照相機，一般人用一天的工資就可以買到。在這以前，攝影器材繁多笨重，操作過程複雜困難，要價又十分昂貴。只有職業攝影師或者富有的人才買得起。

　　「『布朗尼』照相機一上市，馬上就造成轟動，因為它每臺只賣一塊錢美金。當時美國的

平均工資收入是一年四百多元美金。這個價錢讓一般人都買得起。」

聽到這裡，小翔不禁瞪大眼睛，皺起眉頭問：「才一塊錢！他們能賺錢嗎？」

爺爺被小翔的表情逗笑了：「哈哈，問得好，當時柯達公司

的競爭者也問了同樣的問題。當然，伊士曼自己早就想好答案了。他不光在攝影器材和底片處理過程中不停創新，在做生意上也極具創意。

「『布朗尼』照相機使用的底片，一卷賣五毛錢。這是非常聰明的作法。因為人們只花一塊錢買一次照相機，可是買底片是長期的事。就算照相機不賺錢，甚至賠錢，長遠來說，底片將會是柯達公司利潤的穩定來源。

「伊士曼在行銷方面也是一個天才。當時攝影還是很罕見的活動，他心中有個重要的問題：『怎麼樣才能提起人們對攝影的興趣？』」爺爺看著小翔，好像在

等他問問題。

「伊士曼有什麼辦法的呢?」小翔搔搔頭。

爺爺這才回答:「他把宣傳主題集中在兩方面:一是家庭,二是旅行。他覺得這是最能說服人們攝影的兩個理由。

「伊士曼才八歲就失去了父親,他父親一輩子只照過三張照片。他希望每一個人都能擁有很多家人的照片。更重要的是:『什麼最能打動人們的心?』伊士曼認為,孩子成長的過程中,攝影能提供最好的紀錄。所以他強調這一點,也問自己下一個問題:『這個產品要取什麼名字,才能吸引人們的注意力?』」

　　「『布朗尼』是一個調皮但心地善良的小精靈的名字。他的漫畫故事在很多雜誌報刊上刊登，非常受兒童歡迎。

　　「伊士曼為這產品取名『布朗尼』，果然吸引了兒童的注意，讓父母們爭相購買。

　　「很快的，柯達公司的『布朗尼』照相機賣出了幾千臺，風靡了全世界。伊士曼長久以來的心願也達成了，攝影變成一般人可以參與的娛樂活動。」

黑白也能變彩色？

「伊士曼把很多底片材料捲成膠卷，間接造就了另一個產業的發達。小翔，你猜是什麼？你喜歡的……」

小翔說：「電影？」

「答對了！電影需要快速的攝影和播放畫面，只有使用底片膠卷，才能夠達到這個目的。

「跟伊士曼同一時代、最有名的科學家愛迪生，發明了電影放映機後，用了伊士曼的底片來拍電影，對他們的產品很滿意。不只如此，當時全世界所有的電影，幾乎都被柯達公司壟斷。這

給柯達公司帶來極大的利潤，也使伊士曼變成了世界前幾名的有錢人。

「但伊士曼還不滿足，他又問自己：『怎麼樣能夠把錢用在最好的地方？』」爺爺看看小翔，好像在賣關子。

小翔側著頭想了想：「他是用來幫助人嗎？」

爺爺微笑說：「是啊！伊士曼用他的財富做了很多善事。他捐錢給好多學校去創辦醫學院和音樂學院，在很多城市捐款建造醫院，也創立了各種專門為少數族群爭取福利的慈善機構。他常常送禮物給他的親戚朋友，為他們帶來意外的驚喜。

「達成夢想的伊士曼，還在不停的問新問題：『現在人們開始享受攝影了，可是相片都是黑白的，彩色的不是更精彩嗎？』」

「黑白的相片的確很無聊，畫面看起來都暗暗的。」小翔點點頭。

「但是，要從黑白到彩色，研究的困難程度增加很多。伊士曼走遍各個科學先進國家，尋找世界級專家，組織起強大的技術人才陣營。前後經過三十年努力，一直到伊士曼去世後幾年，柯達才成功推出彩色電影、幻燈片的商用底片，以及可以沖洗出彩色相片的底片膠卷。這時，全世界只有另外兩、三家競爭者，

因此柯達公司在這方面一直稱霸到20世紀結束。」

爺爺喝了口茶，繼續說:「我小時候看的彩色電影，在正式播放以前，總會出現『伊士曼彩色電影』的字樣，要不是有彩色的底片膠卷，我們就沒有這麼好看的彩色電影囉!」

「這樣說起來，我們現在可以看彩色電影，也算是伊士曼的功勞呢!」最喜歡看電影的小翔，從沒想過電影不是理所當然就是彩色的，他還真學到了一課。

底片去哪裡了？

「為什麼現在照相不用底片了呢？」小翔問爺爺。

爺爺說：「這是因為數位相機的發明，把影像轉換成電子數據，儲存在數位記憶體上。照相之後完全用迷你電腦處理，整個過程又快速又便宜。傳統的底片必須經過化學處理，既費時又昂貴。所以底片就被取代了。」

「那麼柯達公司不就沒有生意做了？」

爺爺聳聳肩：「沒錯，柯達公司最主要的財源就是靠銷售底片。當初柯達是起先發明數位相

機的公司之一，但矛盾的是，在伊士曼去世多年後，柯達卻怕影響底片生意，不敢推廣數位相機。市場趨勢沒人能阻擋，就算是最先的發明者，如果沒有好好掌握先機，馬上就被競爭者超越了。風雲一時的柯達公司，也因為無法即時轉型，很快就被淘汰了。這就是古人所說的『長江後浪推前浪』。」

「如果伊士曼還沒去世，柯達公司的情況會不會比較好呢？」

爺爺說：「也許吧。世界上有創意的人不少，可是如果不認真堅持，夢想就很難成真。出現問題的時候，如果只偏向消極負面的想法，很容易就會讓自己洩氣，放棄努力。伊士曼勇敢挑戰現實，不停提出問題，然後追求肯定的答案，所以他的成功不是偶然。」

「爺爺說得對，我以後也會像伊士曼一樣，堅持自己的夢想，就算遇到問題，也要不斷努力克服困難。謝謝爺爺，伊士曼的故事真好聽！」小翔精神抖擻的

回應著。

爺爺摸摸小翔的頭：「乖孫子說得好，不用謝。你看，外面雨停了，我們可以出門了。」

「我昨天已經先把新相機充滿電，不用再像伊士曼當年帶著二十五樣設備，就可以輕輕鬆鬆的出去照相了，哈哈！」小翔迫不及待的跑了出去。

喬治・伊士曼
GEORGE EASTMAN

1854
出生於美國
紐約

1862
父親去世

1868
開始在保險公司
打零工

1874
進入銀行擔任
初級簿記

1877
替自己購買第一
套照相設備

1878
開始研究將乳劑塗
抹在乾玻璃底片上
的方法

1879
申請到底片塗
抹機專利權

1881
正式成立伊士曼
乾玻璃底片公司

1884
推出紙類底片並
且發明底片膠卷

1886
發展輕型透明
塑膠底片

1888
開始銷售第一
臺「柯達」照
相機

1889
提供底片膠卷給愛
迪生實驗製作電影

寫書的人

唐念祖

一向愛看書的他，從臺灣大學土木工程系畢業，服完兵役就到美國留學。先後在加州大學的戴維斯和伯克萊校區，得了結構工程和企業管理兩個碩士。在舊金山南邊矽谷從事電腦資訊方面的工作多年，最近剛退休。兩個好兒女完成學業有了理想工作。興趣廣泛的他，開始追求多方面的學習、創作與欣賞，把握精彩的人生第二階段。

畫畫的人

劉向偉

新一代漫畫家、插畫家。自幼喜歡繪畫，自學國畫。畢業於哈爾濱輕工學院，畢業後先後從事廣告公司和《當代歌壇》雜誌美術編輯等工作。1996 年開始在北京從事漫畫創作，作品曾在《北京卡通》、《科普畫王》、《漫畫大王》等中國主流漫畫雜誌發表。2000 – 2002 年在香港出版個人原創漫畫作品《戰夢》。目前主要從事插畫及繪本創作的繪製工作。

1900
推出每臺一元美金
的布朗尼照相機

1932
去世

創意 MAKER

創意驚奇雲

飛越地平線，
在雲的另一端，

創意 x 無限

撥開朵朵白雲，你會看見一道亮光……

 是 **創意 MAKER** 的燈泡亮了！

跟著它們一起，向著光飛翔，由它們指引你未來的方向：

（請依直覺選擇最具創意的顏色）

選 的你
請跟著畢卡索、艾雪、安迪·沃荷、手塚治虫、鄧肯、凱迪克、布列松、達利，在各種藝術領域上大展創意。

選 的你
請跟著盛田昭夫、7-Eleven創辦家族、大衛·奧格威、密爾頓·赫爾希，想像引領創新企業的挑戰。

選 的你
請跟著高第、樂高父子、喬治·伊士曼、史蒂文生、李維·史特勞斯，體驗創意新設計的樂趣。

選 的你
請跟著麥克沃特兄弟、格林兄弟、法布爾，將創思奇想記錄下來，寫出你創意滿滿的故事。

本系列特色：
1. 精選東西方人物，一網打盡全球創意 MAKER。
2. 國內外得獎作者、繪者大集合，聯手打造創意故事。
3. 驚奇的情節，精美的插圖，加上高質感印刷，保證物超所值！

還有！還有！

內附注音，小朋友也能「自·己·讀」！
創意 MAKER 是小朋友的必備創意讀物，
培養孩子創意的最佳選擇！